훈민정음 경필쓰기

세계 최고의 문자, 훈민정음 자긍심 계승을 위한 책!!

2급, 3급 용

英잉中듕國귁

나·랏:말ᄊᆞ미

·미·엉·라·ᄒᆞ·는·말

國·귁·之징·語엉·音흠·이

訓·훈民민正·졍音흠

·펴·몸·은·소·리·ᄅᆞ·리·니·치·니·시訓·나·홋民
박재성 엮음 | 사단법인 훈민정음기념사업회 인증

훈민정음 경필쓰기(언해본)

초판 발행일 | 2024년 2월 20일

지 은 이 | (사)훈민정음기념사업회 인증 / 박재성 엮음
발 행 인 | 배수현
표지디자인 | 유재헌
본문디자인 | 김미혜
책임감수 | 김동연
편집위원 | 김보영 박화연 홍수연
자료제공 | 박영덕

펴 낸 곳 | 가나북스 www.gnbooks.co.kr
출판등록 | 제393-2009-000012호
주   소 | 경기도 파주시 율곡로 1406
문   의 | (031)959-8833
팩   스 | (031)959-8834

ISBN | 979-11-6446-093-9(13700)

머리말

훈민정음은 대한국인에게 주신 영원한 최고의 선물

사람은 글씨를 통해 마음을 표현하므로 글씨는 마음을 전달하는 수레라고 할 수 있습니다. 따라서 '마음이 바르면 글씨도 바르다[心正則筆正]'고 합니다. 오만 원권 지폐에서 우리에게 낯익은 신사임당이 만 원권 지폐에서도 만날 수 있는 이율곡에게 전한 말입니다.

예로부터 글씨는 그 사람의 상태를 대변한다고 합니다. 올바른 몸가짐, 겸손하고 정직한 말씨, 바른 글씨체, 공정한 판단력이라는 '신언서판(身言書判)'은 글씨로 마음을 다스릴 수 있는 사람에게 나랏일을 맡겼다는 의미입니다. 그래서 글씨는 의사소통의 도구라고 표현하는데, 우리는 의사소통의 도구 중에 가장 쉽고 간략하여 효과적으로 의사 표현을 할 수 있으므로 세계인이 부러워하는 특별한 방법을 갖고 있습니다.

전 세계에 존재하는 70여 개의 문자 중에서 유일하게 창제자·창제연도·창제원리를 알 수 있는 독창성과 창작성으로 유네스코에 인류문화 유산으로 등재되어 세계에서 가장 우수한 문자로 인정받는 위대한 문자 훈민정음이 바로 그것입니다. 그런데 우리는 세종대왕이 주신 위대하고 영원한 선물을 제대로 활용하지 못하고 오히려 파괴하고 있습니다.

더욱이 현대인은 스마트폰과 컴퓨터 생활로 글씨를 쓰는 기회가 점점 사라지고 키보드로 글을 치게 됩니다. 이것은 지구상에 존재하는 생명체 중에 인간만이 누릴 수 있는 글씨 쓰는 특권을 포기하는 것과 마찬가지입니다. 키보드와 마우스가 대세인 젊은 세대일수록 손으로 글씨를 많이 써야 하는 이유이기도 합니다.

이제부터라도 대한국인이라면 반드시 『훈민정음 언해본』을 한 번쯤 직접 써보면서 대강의 내용이라도 알고 세계 최고의 문자 훈민정음을 보유한 후예로서 자긍심을 가져야 할 것입니다.

끝으로 귀한 목판본 자료를 제공해 주신 충청북도 무형문화재 제28호 각자장인 박영덕 훈민정음각자명장에게 깊은 감사를 드립니다.

사단법인 훈민정음기념사업회 이사장
교육학박사 **박재성**

추천사

예쁜 글씨, 바른 글씨가 꽃피는 나라

세계인에게 미지의 땅이었던 고요한 아침의 나라 한국은 지구촌 사람들이 꿈꾸는 동경의 대상으로 언젠가 한 번은 꼭 가보고 싶은 나라가 되었다. 세계의 어느 골목, 어느 언덕에서나 한류 문화의 아지랑이가 아롱아롱 피어나지 않는 곳이 없다. 한국의 소리, 한국인의 표정, 한국이 만든 상품이 최고 최상의 대우를 받으면서 인기를 누리고 있기 때문이다. 이는 단연코 한글의 저력에 힘입은 바 크다. K팝을 부르면서 한글을 익혔고, K드라마를 보면서 한국인의 말씨를 배운 사람들은 한국인의 문자 한글이 문명국의 문자 가운데서 가장 배우기 쉽고 식별이 단일하여 초심자가 언중(言衆) 속에 뛰어들어도 공포감에 질리지 않는다고 한다.

이는 세종대왕께서 1443년에 창제하신 훈민정음에서 비롯되었을 터이니, 이에 다시 한번 경의를 표하지 않을 수 없다.

이처럼 비견될 수 없을 만큼 존경스러운 문자를 가진 우리가 오늘날 읽고 말하면서도 잘 쓰려하지 않는다. 연필로, 철필로, 붓으로 만년필로 정성을 다해 꼭꼭 눌러 써오던 귀중한 체험을 내던지고 말았다. 물론, 컴퓨터, 휴대전화 등이 손글씨 쓰기의 수고를 대신해 주는 편리함 때문이리라. 그러나 이는 문화적 창조 활동의 일부를 스스로 저버리는 행위와 같다.

이러한 차제에 사단법인 훈민정음기념사업회에서 『훈민정음 해례본』과 『언해본』을 바탕으로 『훈민정음 경필쓰기 교본』을 만들어 보급하는 유익한 사업을 벌이매, 평생 글씨만 써온 사람으로서 기껍고 고마운 마음을 다해 이를 적극 추천한다. 우리의 국보요, 인류의 자랑인 훈민정음을 다양한 필기도구로

직접 씀으로써 그 고매한 정신과 불후의 가치를 육화(肉化)하고 생활화하는 일이야말로 사경(寫經)의 정성에 미치지 못한다 아니할 것이다.

훈민정음의 원본 서체를 보급하고, 그 고전적 품격을 융합하여 새로운 문화 창출에 이바지할 수 있는 전기를 마련함에도 큰 의의가 있을 줄 안다. 특히 이 사업의 일환으로 쓰기의 수준을 향상시켜 '경필 급수(硬筆級數)'를 사정, 개인 시상제를 운영한다 하니, 더욱 관심 있는 일이 아닐 수 없다.

이 교본이 세상에 나옴과 함께 글씨 쓰는 한국의 참모습을 널리 선양하여 그 어디서나 예쁜 글씨, 바른 글씨가 사람들의 마음과 몸을 더 아름답게 피워내는 꽃밭을 열어 글씨 향기 넘쳐나는 우리의 둘레가 되기를 바라면서 추천사에 가름한다.

사)세계문자서예협회 이사장
국립현대미술관초대작가 **김동연**

이 책의 효과

하나. 훈민정음을 배울 수 있습니다.

이 책은 문화체육관광부 소관 사단법인 훈민정음기념사업회가 훈민정음을 바르게 알리기 위해서 심혈을 기울여 현대에 맞게 번역하여 국민 누구나 쉽게 이해할 수 있도록 편집하였습니다.

둘. 문자 강국의 자긍심을 느낄 수 있습니다.

이 책은 전 세계에 존재하는 70여 개의 문자 중에서 유일하게 창제자·창제연도·창제원리를 알 수 있는 독창성과 창작성으로 유네스코에 인류문화 유산으로 등재되어 세계에서 가장 우수한 문자로 인정받는 위대한 문자 훈민정음을 보유한 문자 강국의 자긍심을 느낄 수 있도록 편집하였습니다.

셋. 역사를 바르게 알 수 있습니다.

이 책은 『훈민정음 언해본』의 내용 풀이에만 그치지 않고, 내용 중에 이해하기 어려운 용어도 미주에 보충 설명을 하여서 독자 누구나 바르게 이해할 수 있도록 편집하였습니다.

넷. 한자를 바르게 알고 쓸 수 있습니다.

이 책은 『훈민정음 언해본』의 한자 및 한자어를 분석하여 사용된 51자의 한자에 대한 훈음은 물론 주요 한자의 필순을 책 앞에 실어서 독자 누구나 한자를 바르게 알고 쓸 수 있도록 편집하였습니다.

다섯. 글씨를 예쁘게 쓸 수 있습니다.

이 책은 스마트폰과 컴퓨터 생활로 글씨를 쓰는 기회가 점점 사라지는 현대인에게 마음을 표현할 수 있는 예쁜 글씨를 써볼 수 있도록 편집하였습니다.

여섯. 일석삼조의 효과를 얻을 수 있습니다.

이 책은 『훈민정음 언해본』에 대한 내용의 이해는 물론, 훈민정음의 창제원리를 배울 수 있고, 사단법인 훈민정음기념사업회가 주최하는 〈훈민정음 경필쓰기 검정〉에도 응시할 수 있는 일석삼조의 효과를 얻을 수 있도록 편집하였습니다.

글씨 쓰기의 기본

1. 경필(硬단단할 경 · 筆붓 필)

뾰족한 끝을 반으로 가른 얇은 쇠붙이로 만든 촉을 대에 꽂아 잉크를 찍어서 글씨를 쓰는 도구라는 뜻이지만, 동양의 대표적인 필기구인 붓이 부드러운 털로 이루어졌다는 뜻에 대해서 단단한 재료로 만들어진 글씨 쓰는 도구란 의미로 펜, 연필, 철필, 만년필 등을 이른다.

2. 글씨를 잘 쓰는 방법

1) 바른 자세로 써야 한다.

2) 경필 글씨 공부는 연필로 쓰는 것이 좋다.

3) 글자의 비율을 맞추면서 크게 써보는 것이 좋다.

4) 모범 글씨를 보고 똑같이 써보려고 노력한다.

5) 반복해서 자꾸 써보는 노력이 가장 중요하다.

3. 자획(字글자 자 · 畫그을 획)

글자를 이루는 선과 점 하나하나를 획이라 한다. 즉 글자를 쓸 때 한번 펜(또는 붓)을 종이에 대었다가 자연스럽게 뗄 때까지 계속된 점이나 선이 한 획이 된다.

4. 필순(筆붓 필 · 順순서 순)

글자를 쓸 때는 일반적으로 정해진 순서에 따라 써야 하는데, 글자의 획을 써 나가는 순서를 필순이라 한다.

5. 언해본에 나오는 주요 한자의 필순

윗 상

글월 문

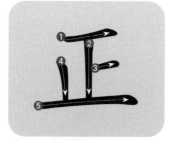

바를 정

백성 민

나라 국

할 위

일 업

지을 제

머리 두

소리 성

목차

異
잉
字
쭝
中
듕
國
귁
에
라
우
훙
는

나랏말ᄊᆞ미

異
잉
字
쭝
ᄒᆞ야
라
異
잉
字
쭝
는
다
ᄅᆞᆯ씨
우
훙
는
는
아
모

훈민정음 언해본

경필쓰기

世	셍	宗	종	御	엉	製	젱

世세宗종 임금이 지으신[1]

世	셍	宗	종	御	엉	製	젱	

訓	훈	民	민	正	졍	音	흠

백성을 가르치는 바른 소리

訓	훈	民	민	正	졍	音	흠	

나	랏	말	ᄊᆞ	미	中	듕	國	귁	에

나라의 말씀이 中듕國국[2] 과

나	랏	말	ᄊᆞ	미	中	듕	國	귁	에

달	아	文	문	字	쫑	와	로	서	르

달라서 文문字자로는 서로

달	아	文	문	字	쫑	와	로	서	르

ᄉᆞᄆᆞᆺ디아니홀ᄊᆡ이런젼

통하지 아니하므로 이런 까

ᄉᆞ ᄆᆞᆺ 디 아 니 홀 ᄊᆡ 이 런 젼

ᄎᆞ로어린百빅姓셩이니

닭으로 어리석은 百백姓성이 이

ᄎᆞ 로 어 린 百 빅 姓 셩 이 니

르고져흟배이셔도ᄆᆞᄎᆞᆷ

르고자 하는 바가 있어도 마침

르 고 져 흟 배 이 셔 도 ᄆᆞ ᄎᆞᆷ

내제ᄠᅳ들시러펴디몯홇

내 제 뜻을 나타내지 못하

내 제 ᄠᅳ 들 시 러 펴 디 몯 홇

| 노 | 미 | 하 | 니 | 라 | 내 | 이 | 룰 | 為 | 윙 |

느니라. 내 이를 爲위

노	미	하	니	라	내	이	를	為	윙

| 호 | 야 | 어 | 엿 | 비 | 너 | 겨 | 새 | 로 | 스 |

하여 불쌍히 여겨서 새로스

호	야	어	엿	비	너	겨	새	로	스

| 믈 | 여 | 듧 | 字 | 쫑 | 룰 | 밍 | ㄱ | 노 | 니 |

믈 여덟 字자를 만드니

믈	여	듧	字	쫑	를	밍	ㄱ	노	니

| 사 | 룸 | 마 | 다 | 히 | 여 | 수 | 빙 | 니 | 겨 |

사람마다 하여금 쉽게 익혀

사	룸	마	다	히	여	수	빙	니	겨

날로 ᄡᅮ메 便뼌安한킈 ᄒᆞ

날마다 쓰기에 便편安안케 하

날 로 ᄡᅮ 메 便 뼌 安 한 킈 ᄒᆞ

고져 ᄒᆞᇙ ᄯᆞᄅᆞ미니라

고자 할 따름이니라

고 져 ᄒᆞᇙ ᄯᆞ ᄅᆞ 미 니 라

ㄱᄂᆞᆫ 엄쏘리니 君군ㄷ字

ㄱ는 어금니 소리니 君군의 字

ㄱ ᄂᆞᆫ 엄 쏘 리 니 君 군 ㄷ 字

ᄍᆞᆼ 처ᅀᅥᆷ 펴아나ᄂᆞᆫ 소리 ᄀᆞᇀ

자 처음 피어나는 소리 갈

ᄍᆞᆼ 처 ᅀᅥᆷ 펴 아 나 ᄂᆞᆫ 소 리 ᄀᆞᇀ

ㅌ 니 골 밧 쓰 면 쇠 끟 ㅸ 字

으니 나란히 쓰면 쇠규의 字

ㅌ 니 글 밧 쓰 면 쇠 끟 ㅸ 字

쫑 처 섬 펴 아 나 논 소 리 ㄱ

자 처음 피어나는 소리 같

쫑 처 섬 펴 아 나 는 소 리 ㄱ

ㅌ 니 라 　ㅋ 논 업 쏘 리 니

으니라 　ㅋ는 어금니 소리니

ㅌ 니 라 　ㅋ 는 업 쏘 리 니

快 쾡 ㆆ 字 쫑 처 섬 펴 아 나

快쾌의 字자 처음 피어나

快 쾡 ㆆ 字 쫑 처 섬 펴 아 나

ㄴ소리ㄱㅌㄴ라라 ㆁㄴ

는 소리 같으니라 ㆁ는

ㄴ	소	리	ㄱ	ㅌ	니	라		ㆁ	는

엄쏘리니 業 업 字 쫑 처엄

어금니 소리니 業업字자 처음

엄	쏘	리	니	業	업	字	쫑	처	엄

펴아나ㄴ소리ㄱㅌㄴ라라

피어나는 소리 같으니라

펴	아	나	ㄴ	소	리	ㄱ	ㅌ	니	라

ㄷㄴ혀쏘리니 ㅘ 둏 ㅸ

ㄷ는 헛소리이니 ㅘ두의

ㄷ	ㄴ	혀	쏘	리	니	ㅘ	둠	ㅸ	

字쫑 처섬 펴아나눈 소리

字자 처음 피어나는 소리

字	쫑	처	섬	펴	아	나	는	소	리

ㄱㅌㄴ글밝쓰면畢땀ㅂ

같으니 나란히 쓰면 畢땀의

ㄱ	ㅌ	ㄴ	글	밝	쓰	면	畢	땀	ㅂ

字쫑 처섬 펴아나눈 소리

字자 처음 피어나는 소리

字	쫑	처	섬	펴	아	나	는	소	리

ㄱㅌㄴ니라 ㅌ눈혀쏘리

같으니라　　　　ㅌ는 혓소리

ㄱ	ㅌ	ㄴ	라		ㅌ	는	혀	쏘	리

니 呑 ㅌ ㄷ 字 쯩 처 엄 펴 아

이니 呑탄의 字자 처음 피어

니	呑	ㅌ	ㄷ	字	쯩	처	엄	펴	아

나 눈 소 리 ㄱ ㅌ 니 라　ㄴ

나는 소리 같으니라

나	눈	소	리	ㄱ	ㅌ	니	라		ㄴ

눈 혀 쏘 리 니 那 낭 ㆆ 字 쯩

는 헛소리이니 那나의 字자

눈	혀	쏘	리	니	那	낭	ㆆ	字	쯩

처 엄 펴 아 나 눈 소 리 ㄱ ㅌ

처음 피어나는 소리 같으

처	엄	펴	아	나	눈	소	리	ㄱ	ㅌ

니라 ㅂ는입시울쏘리

니라   ㅂ는 입슐소리

니	라		ㅂ	는	입	시	울	쏘	리

니ᄬ별字쫑 처섬펴아나

이니 ᄬ별字자의 처음 피어나

니	ᄬ	별	字	쫑	처	섬	펴	아	나

는소리ㄱ트니골밝쓰면

는 소리 같으니 나란히 쓰면

는	소	리	ㄱ	트	니	글	밝	쓰	면

步뽕ㆆ字쫑 처섬펴아나

步보의 字자 처음 피어나

步	뽕	ㆆ	字	쫑	처	섬	펴	아	나

| 눈 | 소 | 리 | ㄱ | ㅌ | 니 | 라 | | 피 | 눈 |

늕 소리 같으니라　　　　　　　　피는

| 늕 | 소 | 리 | ㄱ | ㅌ | 니 | 라 | | 피 | 눈 |

| 입 | 시 | 울 | 쏘 | 리 | 니 | 漂 | 퓽 | 뼝 | 字 |

입술소리이니 漂표의 字

| 입 | 시 | 울 | 쏘 | 리 | 니 | 漂 | 퓽 | 뼝 | 字 |

| 쫑 | 처 | 섬 | 펴 | 아 | 나 | 눈 | 소 | 리 | ㄱ |

자 처음 피어나는 소리 같

| 쫑 | 처 | 섬 | 펴 | 아 | 나 | 눈 | 소 | 리 | ㄱ |

| ㅌ | 니 | 라 | | ㅁ | 눈 | 입 | 시 | 울 | 쏘 |

으니라　　　　　ㅁ는 입술소

| ㅌ | 니 | 라 | | ㅁ | 눈 | 입 | 시 | 울 | 쏘 |

리	니	彌	밍	ᅙ	字	쫑	처	섬	퍼

리이니 彌미의 字자 처음 피

리	니	彌	밍	ᅙ	字	쫑	처	섬	퍼

아	나	논	소	리	ㄱ	ㅌ	니	라

어나는 소리 같으니라

아	나	논	소	리	ㄱ	ㅌ	니	라

ㅈ	눈	니	쏘	리	니	即	즉	字	쫑

ㅈ는 잇소리이니 即즉字자

ㅈ	는	니	쏘	리	니	即	즉	字	쫑

처	섬	퍼	아	나	눈	소	리	ㄱ	ㅌ

처음 피어나는 소리 같으

처	섬	퍼	아	나	눈	소	리	ㄱ	ㅌ

니ᄀᆯ방 쓰면 慈쫑ᅙ字쫑

니 나란히 쓰면 慈자의 字자

니	ᄀᆯ	방	쓰	면	慈	쫑	ᅙ	字	쫑

처섬펴아나ᄂᆞᆫ 소리ᄀᆞᄐᆞ

처음 피어나는 소리 같으

처	섬	펴	아	나	ᄂᆞᆫ	소	리	ᄀ	ᄐ

니라　　ᄎᄂᆞᆫ 니쏘리니 侵

니라　　　ᄎ는 잇소리이니 侵

니	라		ᄎ	ᄂᆞᆫ	니	쏘	리	니	侵

침ㅂ字쫑 처섬펴아나ᄂᆞᆫ

침의 字자 처음 피어나는

침	ㅂ	字	쫑	처	섬	펴	아	나	ᄂᆞᆫ

소	리	ㄱ	ㅌ	니	라		ㅅ	는	니

소리 갈으니라　　　　　ㅅ는 잇

소	리	ㄱ	ㅌ	니	라		ㅅ	는	니

쏘	리	니	戌	슗	字	쯩	처	엄	펴

소리이니 戌슬字자 처음 피

쏘	리	니	戌	슗	字	쯩	처	엄	펴

아	나	논	소	리	ㄱ	ㅌ	니	글	밨

어나는 소리 갈으니 나란히

아	나	는	소	리	ㄱ	ㅌ	니	글	밧

쓰	면	邪	쌍	ㅎ	字	쯩	처	엄	펴

쓰면 邪사의 字자 처음 피

쓰	면	邪	쌍	ㅎ	字	쯩	처	엄	펴

아나ᄂᆞᆫ 소리 ᄀᆡᄐ니라

어나는 소리 같으니라

아	나	ᄂᆞᆫ	소	리	ᄀ	ᄐ	니	라	

ㆆᄂᆞᆫ 목소리니 挹ᅙᅳᆸ字ᄍᆞᆼ

ㆆ는 목구멍소리이니 挹읍字자

ㆆ	ᄂᆞᆫ	목	소	리	니	挹	ᅙᅳᆸ	字	ᄍᆞᆼ

처엄 펴아나ᄂᆞᆫ 소리 ᄀᆡᄐ

처음 피어나는 소리 같으

처	엄	펴	아	나	ᄂᆞᆫ	소	리	ᄀ	ᄐ

니라 ㆆᄂᆞᆫ 목소리니 虛

니라   ㆆ는 목구멍소리이니 虛

니	라		ㆆ	ᄂᆞᆫ	목	소	리	니	虛

헝 ㆆ 字 쭝 처엄 펴아나눈

허의 字자 처음 피어나는

형 ㆆ 字 쭝 처 엄 펴 아 나 눈

소리ㄱㅌ 니골밝 쓰면 洪

소리 같으니 나란히 쓰면 洪

소 리 ㄱ ㅌ 니 글 밝 쓰 면 洪

홍 ㄱ 字 쭝 처엄 펴아나눈

홍의 字자 처음 피어나는

홍 ㄱ 字 쭝 처 엄 펴 아 나 눈

소리ㄱㅌ니라　ㅇ눈목

소리 같으니라　　ㅇ는 목

소 리 ㄱ ㅌ 니 라　　ㅇ 는 목

소리니欲욕字쫑처섬펴

구멍소리이니 欲욕字자 처음 피

소	리	니	欲	욕	字	쫑	처	섬	펴

아나는 소리ㄱ튼니라

어나는 소리 같으니라

아	나	는	소	리	ㄱ	ㅌ	니	라

ㄹ는半반혀쏘리니閭령

ㄹ 는 半반혓소리이니 閭려

ㄹ	는	半	반	혀	쏘	리	니	閭	령

ㆆ字쫑처섬펴아나는소

의 字자 처음 피어나는 소

ㆆ	字	쫑	처	섬	펴	아	나	는	소

리 ㄱ ㅌ 니 라　　ㅿ 는 半 반

리 같으니라　　　　　ㅿ는 半반

리	ㄱ	ㅌ	니	라		ㅿ	는	半	반

니 쏘 리 니 穰 양 ㄱ 字 쫑 처

잇소리이니 穰양의 字자 처

니	쏘	리	니	穰	양	ㄱ	字	쫑	처

섬 펴 아 나 눈 소 리 ㄱ ㅌ 니

음 피어나는 소리 같으니

섬	펴	아	나	눈	소	리	ㄱ	ㅌ	니

라　　ㆍ 눈 呑 튼 ㄷ 字 쫑 가

라　　　　ㆍ는 呑탄의 字자가

라		ㆍ	는	呑	튼	ㄷ	字	쫑	가

온	뒷	소	리	ㄱ	ㅌ	니	라		一

운뎃소리 같으니라

온	뒷	소	리	ㄱ	ㅌ	니	라		一

는	即	즉	字	쫑	가	온	뒷	소	리

는 即즉字자 가운뎃소리

는	即	즉	字	쫑	가	온	뒷	소	리

ㄱ	ㅌ	니	라		ㅣ	는	侵	침	ㅂ

갈으니라 　　　　ㅣ는 侵침의

ㄱ	ㅌ	니	라		ㅣ	는	侵	침	ㅂ

字	쫑	가	온	뒷	소	리	ㄱ	ㅌ	니

字자 가운뎃소리 같으니

字	쫑	가	온	뒷	소	리	ㄱ	ㅌ	니

라　　ㅗ는洪홍ㄱ字쫑가

라　　ㅗ는 洪홍의 字자 가

라　　ㅗ 는 洪 홍 ㄱ 字 쫑 가

온뒷소리ㄱㅌ니라　ㅏ

운뎃소리 같으니라　ㅏ

온 뒷 소 리 ㄱ ㅌ 니 라 ㅏ

는覃땀ㅂ字쫑가온뒷소

는 覃땀의 字자 가운뎃소

는 覃 땀 ㅂ 字 쫑 가 온 뒷 소

리ㄱㅌ니라　ㄱ는君군

리같으니라　ㄱ는 君군

리 ㄱ ㅌ 니 라　ㄱ 는 君 군

ㄷ字쫑가온딧소리ㄱㅌ

의 字자 가운뎃소리 같으

ㄷ	字	쫑	가	온	딧	소	리	ㄱ	ㅌ

니라 ㅓ는業업字쫑가

니라　　　　ㅓ는 業업字자 가

니	라		ㅓ	는	業	업	字	쫑	가

온딧소리ㄱㅌ니라　ㅛ

운뎃소리 같으니라　　　　　　ㅛ

온	딧	소	리	ㄱ	ㅌ	니	라		ㅛ

ᄂ欲욕字쫑가온딧소리

는 欲욕字자 가운뎃소리

ᄂ	欲	욕	字	쫑	가	온	딧	소	리

ㅋ ㅌ 니 라 ㅑ 는 穰 양 ㄱ

같으니라　　　　　ㅑ는 穰양의

ㄱ	ㅌ	니	라		ㅑ	는	穰	양	ㄱ

字 쭝 가 온 딧 소 리 ㅋ ㅌ 니

字자 가운뎃소리 같으니

字	쭝	가	온	딧	소	리	ㄱ	ㅌ	니

라 ㅠ 는 戍 슗 字 쭝 가 온

라　　　　ㅠ는 戍슗字자 가운

라		ㅠ	는	戍	슗	字	쭝	가	온

딧 소 리 ㅋ ㅌ 니 라 ㅕ 는

뎃소리 같으니라　　　　　ㅕ는

딧	소	리	ㄱ	ㅌ	니	라		ㅕ	는

彆	볋	字	쭝	가	온	뒷	소	리	ㄱ

彆볋字자 가운뎃소리 같

彆	볋	字	쭝	가	온	뒷	소	리	ㄱ

ㅌ	니	라		乃	냉	終	즁	ㄱ	소

으니라 　　　乃내終종의 소

ㅌ	니	라		乃	냉	終	즁	ㄱ	소

리	는	다	시	첫	소	리	롤	쓰	노

리는 다시 첫소리를 쓰느

리	는	다	시	첫	소	리	를	쓰	노

니	라		ㅇ	롤	입	시	울	쏘	리

니라 　　　ㅇ를 입술소리

니	라		ㅇ	를	입	시	울	쏘	리

아래니ᅀᅥ쓰면입시ᅀ울가

아래 이어 쓰면 입슬가

아 래 니 ᅀ ᅥ 쓰 면 입 시 ᅀ 울 가

비야ᄫ소리ᄃ외ᄂ니라

벼운 소리 되느니라

비 야 ᄫ 소 리 ᄃ 외 ᄂ 니 라

첫소리롤어울워ᄤ디

첫소리를 어울려 쓸 때

첫 소 리 를 어 을 워 ᄤ 디

면글밧쓰라乃냉終즁ㄱ

면 나란히 쓰라 乃내終종의

면 글 밧 쓰 라 乃 냉 終 즁 ㄱ

소리도 한가지라 ` 와

소리도 한가지라 · 와

소	리	도	흔	가	지	라		、	와

ㅡ와ㅗ와ㅜ와ㅛ와ㅠ와

ㅡ와 ㅗ와 ㅜ와 ㅛ와 ㅠ는

ㅡ	와	ㅗ	와	ㅜ	와	ㅛ	와	ㅠ	와

란 첫소리아래브텨쓰고

첫소리 아래 붙여 쓰고

란	첫	소	리	아	래	브	텨	쓰	고

ㅣ와ㅑ와ㅓ와ㅕ와ㅕ

ㅣ와 ㅏ와 ㅓ와 ㅑ와 ㅕ

ㅣ	와	ㅏ	와	ㅓ	와	ㅑ	와	ㅕ

| 와 | 란 | 올 | 효 | 녀 | 긔 | 브 | 터 | 쓰 | 라 |

는 오른쪽부터 쓰라

와	란	올	흔	녀	긔	브	텨	쓰	라

| 믈 | 읫 | 字 | 쫑 | ㅣ | 모 | 로 | 매 | 어 |

무릇 字자가 반드시 합쳐

믈	읫	字	쫑	ㅣ	모	로	매	어

| 우 | 러 | ᅀᅡ | 소 | 리 | 이 | ᄂ | 니 | | 윈 |

져야 소리 이루나니   윈

우	러	ᅀᅡ	소	리	이	ᄂ	니		윈

| 녀 | 긔 | 호 | 點 | 뎜 | 올 | 더 | 으 | 면 | 뭇 |

쪽에 한 點점을 더하면 가장[3]

녀	긔	흔	點	뎜	을	더	으	면	뭇

노푼소리오　點뎜이둘

높은 소리오[4]　　　　　　點점이 들

노	푼	소	리	오		點	뎜	이	들

히면上쌍聲셩이오　　點

이면 上상聲셩[5]이오　　　　　　　　點

히	면	上	쌍	聲	셩	이	오		點

뎜이업스면平뼁聲셩이

점이 없으면 平평聲셩[6]이

뎜	이	업	스	면	平	뼁	聲	셩	이

오　入입聲셩은點뎜더

오　　　入입聲셩[7]은 點점 더

오		入	입	聲	셩	은	點	뎜	더

우	믄	흔	가	지	로	디	샌	르	니

함은 한가지로되 빠르니

우	믄	흔	가	지	로	디	샌	르	니

라		中듕	國귁	소	리	옛	니

라　　　中중國국 소리에 잇

라		中 듕	國 귁	소	리	옛	니

쏘	리	는	齒칭	頭뚭	와	正 정

소리는 齒치頭두[8]와 正정

쏘	리	는	齒 칭	頭 뚭	와	正	정

齒칭	왜	꼴	히	요	미	잇	ᄂ	니

齒치[9]에 가려냄이 있나니

齒	칭	왜	글	히	요	미	잇	ᄂ	니

ㅈ ㅊ ㅉ ㅅ ㅆ字자는 齒								
ㅈ	ㅊ	ㅉ	ㅅ	ㅆ	字	쭝	는	齒

치頭뚤ㅅ 소리예쓰고							
치頭두의 소리에 쓰고							
칭	頭	뚬	ㅅ	소	리	예	쓰	고

ㅈ ㅊ ㅉ ㅅ ㅆ字자는 正정								
ㅈ	ㅊ	ㅉ	ㅅ	ㅆ	字	쭝	는	正	정

齒치 ㅅ소리예쓰ᄂ니							
齒치의 소리에 쓰나니							
齒	칭	ㅅ	소	리	예	쓰	ᄂ	니

엄과 혀와 입시울와 목소

어금니와 혀와 입슬과 목소

엄	과	혀	와	입	시	울	와	목	소

리엣字쭝눈中듕國귁소

리의 字자는 中중國국 소

리	엣	字	쭝	는	中	듕	國	귁	소

리예通통히쓰ᄂ니라

리에 通통해 쓰느니라

리	예	通	통	히	쓰	ᄂ	니	라

訓훈民민正정音홈

訓훈民민正정音음[10]

訓	훈	民	민	正	정	音	음	

언해본에 사용된 한자 훈음

(※ 원 안의 숫자는 해당 한자의 사용 빈도수를 나타냄)

- 國(나라 국)③
- 君(임금 군)②
- 虯(규룡 규)①
- 那(어찌 나)①
- 乃(이에 내)②
- 覃(미칠 담)②
- 斗(말 두)①
- 頭(머리 두)②
- 閭(이문 려)①
- 文(글월 문)①
- 彌(두루 미)①
- 民(백성 민)②
- 半(반 반)②
- 百(일백 백)①
- 彆(활 뒤틀릴 별)②
- 步(걸음 보)①
- 邪(간사할 사)①
- 上(위 상)①
- 姓(성 성)①
- 聲(소리 성)③
- 世(세상 세)①
- 戌(개 술)②
- 安(편안할 안)①
- 穰(볏짚 양)②
- 御(거느릴 어)①
- 業(업 업)②

- 欲(하고자 할 욕)②
- 爲(할 위)①
- 音(소리 음)②
- 挹(뜰 읍)①
- 入(들 입)①
- 字(글자 자)㊴
- 慈(사랑할 자)①
- 點(점 점)④
- 正(바를 정)④
- 製(지을 제)①
- 宗(마루 종)①
- 終(끝날 종)②
- 中(가운데 중)③
- 即(곧 즉)②
- 齒(이 치)④
- 侵(침노할 침)②
- 快(쾌할 쾌)①
- 呑(삼킬 탄)②
- 通(통할 통)①
- 便(편할 편)①
- 平(평평할 평)①
- 漂(떠돌 표)①
- 虛(빌 허)①
- 洪(큰물 홍)②
- 訓(가르칠 훈)②

용어풀이(미주)

1) 御製(거느릴 어 / 지을 제) : 임금이 몸소 짓거나 만든 글이나 물건.

2) 中國(가운데 중 / 나라 국) : 현재의 중화인민공화국의 약칭인 중국을 뜻하는 것이 아니라, 우리 먼 조상이 다스렸던 대륙 중앙에 있던 나라라는 뜻으로 해석함이 타당하다.(편집자 주)

3) 뭇 : 가장

4) 去聲(갈 거 / 소리 성) : 가장 높은 소리로, 글자에 표시할 때 왼쪽에 점 하나를 찍는다.

5) 上聲(위 상 / 소리 성) : 처음이 낮고 나중이 높은 소리로, 글자에 표시할 때는 왼쪽에 점 두 개를 찍는다.

6) 平聲(평평할 평 / 소리 성) : 소리의 변화가 없이 가장 낮은 소리이다. 점이 없다.

7) 入聲(들 입 / 소리 성) : 짧고 빨리 끝나는 소리로 끝소리가 'ㄱ', 'ㄷ', 'ㅂ'로 끝나는 받침 따위가 이에 속한다.

8) 齒頭(이 치 / 머리 두) : 중국어에서, 혀끝을 윗니 뒤에 가까이하고 내는 잇소리.《사성통해(四聲通解)》등의 운서에서는 이 소리들을 'ㅈ', 'ㅊ', 'ㅉ', 'ㅅ', 'ㅆ' 등으로 적었다. 치두음(齒頭音)이라고도 한다.

9) 正齒(바를 정 / 이 치) : 중국어에서, 혀를 말아 아랫잇몸에 가까이하고 내는 치음의 하나로 정치음(正齒音)이라고도 한다.

10) 訓民正音(가르칠 훈 / 백성 민 / 바를 정 / 소리 음)
　①일반적으로 조선의 4대 왕 세종이 1443(세종 25)년에 창제(創製)한 우리나라 글자를 일컫는 말로 자음 17자, 모음 11자 모두 28자로 이루어졌다.
　②1446(세종 28)년 훈민정음을 반포할 때 찍어 낸 목판본 해설서를 일컫는 말로, 전권 33장 1책으로 되어 있다. 1962년 12월 20일 국보 제70호로 지정되었으며, 1997년 유네스코 세계 기록 유산으로 지정되었다.

경우 없는 당신에게

검정 응시자 제출용

-3급용 원고(초등학생용) (언해본 어제 우리말 서문)

-3급용 원고(언해본 어제 서문)

-2급용 원고(가형) (언해본 예의편 자음)

-2급용 원고(나형) (예의편 모음)

훈민정음(언해본) 검정 응시 방법

① 별지로 제공되는 검정 원고를 칼이나 가위로 점선을 따라 반듯하게 자릅니다.

② 부착된 스티커를 떼어 부여된 고유번호(10자리)를 응시번호 기입란에 기입합니다.

③ 응시하려는 검정 원고를 연습장에서 충분히 익힌 후 처음부터 끝까지 정성껏 작성합니다.

④ 작성된 원고와 응시원서를 인쇄된 주소로 우편이나 택배로 보내시면 됩니다.

응시 번호

응시 번호 스티커 (스티커를 떼어내면 번호가 보입니다.)

응시 번호 기입 (2급, 3급 응시원서 작성 시 같은 번호 기입)

응시 문의 : **031-287-0225**

보내실 곳 : 용인 특례시 기흥구 강남동로 6, 401호(그랜드프라자) (우)16978 | 전화. 031-287-0225

사단법인 훈민정음기념사업회 훈민정음 경필쓰기 검정회 앞

훈민정음 [언해본] 경필 쓰기 검정 응시 방법

응시등급 및 유형		검정범위	응시 해당 요건
3급	가형	언해본 어제 우리말 서문	초등학생
	나형	언해본 어제 서문	3급 가형 합격자에 한함
2급	가형	언해본 예의편 자음	
	니형	언해본 예의편 모음	

※ 초등학생도 3급 나형을 작성하여 응시할 수 있음.
  2급은 가형이나 나형 중 하나를 선택하여 응시하면 됨.

훈민정음 경필쓰기 검정

3급용 원고

(초등학생용)

언해본 어제 우리말 서문

응시자	응시번호	
	성 명	
	연락처	

문화체육관광부 소관 제2021-0007호

사단법인 훈민정음기념사업회

나	라	의		말	이		중	국	과	
달	라	서		문	자	로	는		서	로
통	하	지		아	니	하	므	로		이
런		까	닭	으	로		어	리	석	은
백	성	이		말	하	고	자		하	는
바	가		있	어	도		끝	내		제
뜻	을		나	타	내	지		못	하	는

사	람	이		많	다		내		이	를
불	쌍	히		여	겨		새	로		스
물	여	덟		글	자	를		만	드	니
사	람	마	다		하	여	금		쉽	게
익	혀	서		날	마	다		쓰	기	에
편	하	게		하	고	자		할		따
름	이	니	라							

훈민정음 경필쓰기 검정 응시원서

※ 표시된 란은 기입하지 마세요.

응시번호		※접수일자	202 년 월 일	
성 명	국문) 한자)			사진 (3×4) * 사범과 특급 응시자는 반드시 첨부
생년월일	년 월 일	성별	□ 남자 □ 여자	
연 락 처	* 반드시 연락 가능한 전화번호로 기재하세요			
E-mail				
집 주 소				
응시등급	□ 사범 □ 특급 □ 1급 □ 2급 □ 3급			
소 속	* 초·중·고등부 참가자는 학교명과 학년반을 반드시 기록하고, 일반부는 대학명 또는 직업 기재			

위와 같이 사단법인 훈민정음기념사업회가 시행하는
훈민정음 경필쓰기 검정에 응시하고자 원서를 제출합니다.

20 년 월 일

응시자 : ㉔

사단법인 훈민정음기념사업회 귀중

훈민정음 경필쓰기 채점표

분야	심사항목	배정점수	심사위원별 점수			총점
			(1)	(2)	(3)	
쓰기	필기규범	20				
	오자유무	10				
필획	필법의 정확성	20				
	필획의 유연성	10				
결구	균형	15				
	조화	15				
창의	서체의 창의성	20				
	전체의 통일성	20				
	총점	100				

※ ①쓰기분야의 필기규범 항목은 사범급수에만 적용됨. ②각 급수 공히 오자 한 글자 당 10점 감점

확인	심사위원(1)		심사위원(2)		심사위원(3)		결과
	성명	날인	성명	날인	성명	날인	
		㉔		㉔		㉔	

20 년 월 일

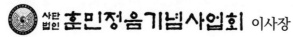

사단법인 훈민정음기념사업회 이사장

훈민정음 경필쓰기 검정

3급용 원고

언해본 어제 서문

응시자	응시번호	
	성 명	
	연락처	

문화체육관광부 소관 제2021-0007호

사단법인 훈민정음기념사업회

世	솅	宗	죵	御	엉	製	졩
訓	훈	民	민	正	졍	音	흠
나	랏	말	쓰	미	中	듕	國	귁	에
달	아	文	문	字	쫑	와	로	서	르
스	뭇	디	아	니	홀	씨	이	런	젼
츠	로	어	린	百	빅	姓	셩	이	니
르	고	져	홇	배	이	셔	도	무	춤

내	제	ᄠᅳ	들	시	러	펴	디	몯	ᄒᆞᇙ
노	미	하	니	라	내	이	ᄅᆞᆯ	爲	윙
ᄒᆞ	야	어	엿	비	너	겨	새	로	스
믈	여	듧	字	ᄍᆞᆼ	ᄅᆞᆯ	ᄆᆡᇰ	ᄀᆞ	노	니
사	ᄅᆞᆷ	마	다	ᄒᆡ	ᅇᅧ	수	ᄫᅵ	니	겨
날	로	ᄡᅮ	메	便	뼌	安	한	킈	ᄒᆞ
고	져	ᄒᆞᇙ	ᄯᆞ	ᄅᆞ	미	니	라		

훈민정음 경필쓰기 검정 응시원서

※ 표시된 란은 기입하지 마세요.

응시번호			※접수일자	202 년 월 일	
성 명	국문)		한자)		사진 (3×4) * 사범과 특급 응시자는 반드시 첨부
생년월일	년 월 일		성별	□ 남자 □ 여자	
연 락 처				* 반드시 연락 가능한 전화번호로 기재하세요	
E-mail					
집 주 소					
응시등급	□ 사범 □ 특급 □ 1급 □ 2급 □ 3급				
소 속				* 초·중·고등부 참가자는 학교명과 학년반을 반드시 기록하고, 일반부는 대학명 또는 직업 기재	

위와 같이 사단법인 훈민정음기념사업회가 시행하는
훈민정음 경필쓰기 검정에 응시하고자 원서를 제출합니다.

20 년 월 일

응시자 :   ㊞

사단법인 훈민정음기념사업회 귀중

훈민정음 경필쓰기 채점표

분야	심사항목	배정점수	심사위원별 점수			총점
			(1)	(2)	(3)	
쓰기	필기규범	20				
	오자유무	10				
필획	필법의 정확성	20				
	필획의 유연성	10				
결구	균형	15				
	조화	15				
창의	서체의 창의성	20				
	전체의 통일성	20				
	총점	100				

※ ①쓰기분야의 필기규범 항목은 사범급수에만 적용됨. ②각 급수 공히 오자 한 글자 당 10점 감점

확인	심사위원(1)		심사위원(2)		심사위원(3)		결과
	성명	날인	성명	날인	성명	날인	
		㊞		㊞		㊞	

20 년 월 일

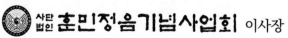

사단법인 훈민정음기념사업회 이사장

훈민정음 경필쓰기 검정

2급용 원고

(가형)

언해본 예의편 자음

응시자	응시번호	
	성 명	
	연락처	

문화체육관광부 소관 제2021-0007호

사단법인 훈민정음기념사업회

ㄱ	는	엄	쏘	리	니	君	군	ㄷ	字
쫑	처	섬	펴	아	나	는	소	리	ㄱ
튼	니	글	바	쓰	면	虯	뀰	ㅸ	字
쫑	처	섬	펴	아	나	는	소	리	ㄱ
튼	니	라		ㅋ	는	엄	쏘	리	니
快	쾡	ㅎ	字	쫑	처	섬	펴	아	나
는	소	리	ㄱ	튼	니	라		ㆁ	는

엄	쏘	리	니	業	업	字	쫑	처	엄
펴	아	나	는	소	리	ㄱ	ㅌ	니	라
	ㄷ	는	혀	쏘	리	니	斗	둫	ㅸ
字	쫑	처	엄	펴	아	나	는	소	리
ㄱ	ㅌ	니	글	방	쓰	면	覃	땀	ㅂ
字	쫑	처	엄	펴	아	나	는	소	리
ㄱ	ㅌ	니	라		ㅌ	는	혀	쏘	리

니	呑	튼	ㄷ	字	쫑	처	엄	펴	아

나	는	소	리	ㄱ	트	니	라		ㄴ

는	혀	쏘	리	니	那	낭	ㅎ	字	쫑

처	엄	펴	아	나	는	소	리	ㄱ	트

니	라		ㅂ	는	입	시	울	쏘	리

니	彆	볋	字	쫑	처	엄	펴	아	나

는	소	리	ㄱ	트	니	글	방	쓰	면

步 뽕 ㅎ 字 쫑 처 섬 펴 아 나

는 소 리 ㄱ ㅌ 니 라　ㅍ 는

입 시 울 쏘 리 니 漂 폼 빙 字

쫑 처 섬 펴 아 나 는 소 리 ㄱ

ㅌ 니 라　ㅁ 는 입 시 울 쏘

리 니 彌 밍 ㅎ 字 쫑 처 섬 펴

아 나 는 소 리 ㄱ ㅌ 니 라

ㅈ	는	니	쏘	리	니	即	즉	字	쫑
처	섬	펴	아	나	는	소	리	ㄱ	튼
니	글	밧	쓰	면	慈	쫑	ㅎ	字	쫑
처	섬	펴	아	나	는	소	리	ㄱ	튼
니	라		ㅊ	는	니	쏘	리	니	侵
침	ㅂ	字	쫑	처	섬	펴	아	나	는
소	리	ㄱ	튼	니	라		ㅅ	는	니

世宗御製訓民正音

쏘	리	니	戌	슗	字	쫑	처	섬	펴
아	나	는	소	리	ㄱ	ㅌ	니	글	밝
쓰	면	邪	쌍	ㆆ	字	쫑	처	섬	펴
아	나	는	소	리	ㄱ	ㅌ	니	라	
ㆆ	는	목	소	리	니	挹	흡	字	쫑
처	섬	펴	아	나	는	소	리	ㄱ	ㅌ
니	라			ㆆ	는	목	소	리	니 虛

형	ㅇ	字	쫑	처	섬	펴	아	나	는

소	리	ㄱ	ㅌ	니	글	방	쓰	면	洪

홍	ㄱ	字	쫑	처	섬	펴	아	나	는

소	리	ㄱ	ㅌ	니	라		ㅇ	는	목

소	리	니	欲	욕	字	쫑	처	섬	펴

아	나	는	소	리	ㄱ	ㅌ	니	라	

ㄹ	는	半	반	혀	쏘	리	니	閭	령

ᅙ	字	쫑	처	섬	펴	아	나	는	소
리	ㄱ	ㅌ	니	라		ㅿ	는	半	반
니	쏘	리	니	穰	상	ㄱ	字	쫑	처
섬	펴	아	나	는	소	리	ㄱ	ㅌ	니
라									

훈민정음 경필쓰기 검정 응시원서

※ 표시된 란은 기입하지 마세요.

응시번호				※접수일자		202 년 월 일		
성 명	국문)			한자)				사진 (3×4) * 사범과 특급 응시자는 반드시 첨부
생년월일	년 월 일			성별	□ 남자 □ 여자			
연 락 처					* 반드시 연락 가능한 전화번호로 기재하세요			
E-mail								
집 주 소								
응시등급	□ 사범	□ 특급	□ 1급		□ 2급	□ 3급		
소 속					* 초·중·고등부 참가자는 학교명과 학년반을 반드시 기록하고, 일반부는 대학명 또는 직업 기재			

위와 같이 사단법인 훈민정음기념사업회가 시행하는
훈민정음 경필쓰기 검정에 응시하고자 원서를 제출합니다.

20 년 월 일

응시자 :   ㉑

사단법인 훈민정음기념사업회 귀중

- -

훈민정음 경필쓰기 채점표

분야	심사항목	배정 점수	심사위원별 점수			총점
			(1)	(2)	(3)	
쓰기	필기규범	20				
	오자유무	10				
필획	필법의 정확성	20				
	필획의 유연성	10				
결구	균형	15				
	조화	15				
창의	서체의 창의성	20				
	전체의 통일성	20				
	총점	100				

※ ①쓰기분야의 필기규범 항목은 사범급수에만 적용됨. ②각 급수 공히 오자 한 글자 당 10점 감점

확인	심사위원(1)		심사위원(2)		심사위원(3)		결과
	성명	날인	성명	날인	성명	날인	
		㉑		㉑		㉑	

20 년 월 일

사단법인 훈민정음기념사업회 이사장

훈민정음 경필쓰기 검정

2급용 원고
(나형)

> ### 언해본 예의편 모음

응시자	응시번호	
	성 명	
	연락처	

문화체육관광부 소관 제2021-0007호

사단법인 훈민정음기념사업회

、	는	呑	툰	ㄷ	字	쫑	가	온	딧
소	리	ㄱ	틔	니	라		─	는	卽
즉	字	쫑	가	온	딧	소	리	ㄱ	틔
니	라		ㅣ	는	侵	침	ㅂ	字	쫑
가	온	딧	소	리	ㄱ	틔	니	라	
ㅗ	는	洪	홍	ㄱ	字	쫑	가	온	딧
소	리	ㄱ	틔	니	라		ㅏ	는	覃

땀	ㅂ	字	쭝	가	온	딧	소	리	ㄱ
ㅌ	니	라		ㄱ	는	君	군	ㄷ	字
쭝	가	온	딧	소	리	ㄱ	ㅌ	니	라
	ㅓ	는	業	업	字	쭝	가	온	딧
소	리	ㄱ	ㅌ	니	라		ㅛ	는	欲
욕	字	쭝	가	온	딧	소	리	ㄱ	ㅌ
니	라		ㅑ	는	穰	샹	ㄱ	字	쭝

가	온	딧	소	리	ㄱ	ㅌ	ㄴ	라	

ㄲ	는	戌	슗	字	쫑	가	온	딧	소

리	ㄱ	ㅌ	ㄴ	라		ㅕ	는	彆	뼗

字	쫑	가	온	딧	소	리	ㄱ	ㅌ	ㄴ

라		乃	냉	終	즁	ㄱ	소	리	는

다	시	첫	소	리	를	쓰	ᄂ	니	라

		ㅇ	를	입	시	울	쏘	리	아	래

니	ㅆ	쓰	면	입	시	울	가	비	야
븐	소	리	듸	외	ᄂ	니	라		첫
소	리	를	어	울	워	뿛	디	면	글
바	쓰	라	乃	냉	終	즁	ㄱ	소	리
도	ᄒ	가	지	라		、	와	ㅡ	와
ㅗ	와	ㅜ	와	ㅛ	와	ㅠ	와	란	첫
소	리	아	래	브	텨	쓰	고		ㅣ

와	ㅏ	와	ㅓ	와	ㅑ	와	ㅕ	와	란
올	흔	녀	긔	브	텨	쓰	라		믈
잇	字_쫑		ㅣ	모	로	매	어	우	러
ㅗ	소	리	이	ㄴ	니			왼	녀	긔
흔	點_뎜		을	더	으	면	뭇	노	푼
소	리	오		點_뎜		이	둘	히	면
上_쌍		聲_셩		이	오		點_뎜		이

世宗御製訓民正音

업	스	면	平	뼝	聲	셩	이	오	

入	씹	聲	셩	은	點	뎜	더	우	믄

흔	가	지	로	디	쌘	르	니	라	

中	듕	國	귁	소	리	옛	니	쏘	리

는	齒	칭	頭	뚭	와	正	졍	齒	칭

왜	글	히	요	미	잇	ᄂ	니		ᅎ

ᅔ	ᅑ	ᄼ	ᄽ	字	쯩	는	齒	칭	頭

뚱	ㅅ	소	리	예	쓰	고		ㅈ	ㅊ
ㅉ	ㅅ	ㅆ	字	쫑	는	正	정	齒	칭
ㅅ	소	리	예	쓰	ㄴ	니		엄	과
혀	와	입	시	울	와	목	소	리	옛
字	쫑	는	中	듕	國	귁	소	리	예
通	통	히	쓰	ㄴ	니	라			
訓	훈	民	민	正	정	音	음		

世宗御製訓民正音

훈민정음 경필쓰기 검정 응시원서

※ 표시된 란은 기입하지 마세요.

응시번호				※접수일자	202 년 월 일	
성 명	국문)		한자)			사진 (3×4) * 사범과 특급 응시자는 반드시 첨부
생년월일	년 월 일		성별	□ 남자 □ 여자		
연 락 처				* 반드시 연락 가능한 전화번호로 기재하세요		
E-mail						
집 주 소						
응시등급	□ 사범 □ 특급 □ 1급 □ 2급 □ 3급					
소 속				* 초·중·고등부 참가자는 학교명과 학년반을 반드시 기록하고, 일반부는 대학명 또는 직업 기재		

위와 같이 사단법인 훈민정음기념사업회가 시행하는
훈민정음 경필쓰기 검정에 응시하고자 원서를 제출합니다.

20 년 월 일

응시자 :   ㉑

사단법인 **훈민정음기념사업회** 귀중

훈민정음 경필쓰기 채점표

분야	심사항목	배정 점수	심사위원별 점수			총점
			(1)	(2)	(3)	
쓰기	필기규범	20				
	오자유무	10				
필획	필법의 정확성	20				
	필획의 유연성	10				
결구	균형	15				
	조화	15				
창의	서체의 창의성	20				
	전체의 통일성	20				
총점		100				

※ ①쓰기분야의 필기규범 항목은 사범급수에만 적용됨. ②각 급수 공히 오자 한 글자 당 10점 감점

확인	심사위원(1)		심사위원(2)		심사위원(3)		결과
	성명	날인	성명	날인	성명	날인	
		㉑		㉑		㉑	

20 년 월 일

사단법인 **훈민정음기념사업회** 이사장

| 엮은이 소개 |

박재성 朴在成 (호: 鯨山, 滿波, 夏川)

· 명예효학박사(성산효대학원대학교)
· 교육학(한문전공) 박사(국민대학교 대학원)
· 고려대학교 대학원 최고경영자과정 수료
· 전) 중국산동대학교 객원 교수
· 전) 서울한영대학교 교육평가원 원장
· 한국고미술협회 감정위원
· 훈민정음 신문 발행인
· 사단법인 훈민정음기념사업회 이사장 겸 회장
· 훈민정음 탑 건립 조직위원회 상임조직위원장
· 훈민정음 대학원 대학교 설립추진위원회 상임추진위원장
· 훈민정음 주식회사 대표이사
· 서울경기신문 / 새용산신문 / 4차산업행정뉴스 /
  경남연합신문 논설위원

수상 실적
· 국전 서예부문 특선 1회, 입선 2회(86~88)
· 무등미술대전 서예부문 4회 입특선(85~89) /
  전각부문 입특선(87~88)
· 한양미술대전 서예부문 대상(1987)
· 아세아문예 시 부문 신인상 수상(2015)
· 고려대학교 총장 공로패(2016)
· 대한민국문화예술명인대전 한시
  명인대상 2회 연속 수상(2016, 2017)
· 서욱 국방부장관 감사장(2021)
· 제8군단 군단장 강창구 중장 감사장과 감사패(2021)
· 제15보병사단 사단장 김경중 소장 감사장(2022)
· 육군사관학교 교장 강창구 중장 감사패(2022)
· 육군참모총장 남영신 대장 감사장(2022)
· 육군참모총장 박정환 대장 감사장(2022)
· 지상작전사령부 사령관 전동진 대장 감사장(2022)
· 공군사관학교 교장 박하식 중장 감사장(2022)
· 제55보병사단 사단장 김진익 소장 감사장(2023)
· 한국을 빛낸 자랑스러운 한국인 대상(2023)
· 제5군단 군단장 김성민 중장 감사패(2023)
· 드론작전사령부 사령관 이보형 소장 감사장과 감사패(2023)
· 육군참모총장 박안수 대장 감사장(2024)
· 동원전력사령부 사령관 전성대 소장 감사패(2024)

작품 활동
· 성경 서예 개인전 2회(금호 미술관. 1986, 1988)
· CBS-TV방송 서예초대전(1984)
· 임진각『평화의종 건립기념』비문 찬(1999)

· 원폭 피해자 평화회관 건립 도서화전 초대 출품
  (서울, 동경 1990)
· 강원도 설악산 백담사『춘성대선사』비문 서(2009)
· 국방일보 〈한자로 쉽게 풀이한 군사용어〉 연재 중(2020~현재)
· 제8군단사령부 구호 휘호(2022)
· 드론작전사령부 창설부대명 휘호(2023)
· 육군훈련소 부대 구호 휘호(2024)
· 동원전력사령부 구호 휘호(2024)

저서
· 서예인을 위한 한문정복요결(1989 국제문화사)
· 한자활용보감(2000 학일출판사)
· 한자지도 완결판(2004 이지한자)
· 성경이 만든 한자(2008 드림북스)
· 간체자 사전 2235(2011 도서출판 하일)
· 성경으로 배우는 재미있는 하오하오한자(순종편)
  (2011 도서출판 에듀코어)
· 매일성경한자 - 집에서 받아보는 성경한자 학습지
  (2011 도서출판 하일)
· 성경보감(2011 도서출판 나)
· 한자에 숨어 있는 성경 이야기(2011 도서출판 나)
· 신비한 성경 속 한자의 비밀(2013 가나북스)
· 크리스천이 꼭 알아야 할 맛있는 성경 상식(2013 가나북스)
· 재밌는 성경 속 사자성어(구약편)(2013 가나북스)
· 재밌는 성경 속 사자성어(신약편)(2013 가나북스)
· 노래만 부르면 저절로 외워지는 창조한자(2014 현보문화)
· 인성보감(2016 한국교육삼락회)
· 우리말로 찾는 정음자전(2021 훈민정음 주)
· 세종어제 훈민정음 총록(2020 문자교육)
· 특허받은 훈민정음 달력(2023 훈민정음 주)
· 훈민정음 경필쓰기(4급)(2024 가나북스)
· 훈민정음 경필쓰기(5급)(2024 가나북스)
· 훈민정음 경필쓰기(6·7·8급)(2024 가나북스)
· 소설로 만나는 세종실록 속 훈민정음(2024 가나북스)
· 훈민정음 언해본 경필쓰기(2024 가나북스)
· 훈민정음 해례본 경필쓰기(2024 가나북스)
· 훈민정음 해설사 자격시험 예상문제집(2024 가나북스)

엮은이와 소통
(사)훈민정음기념사업회 www.hoonminjeongeum.kr